De Orthodoxe Verering van Maria
De Theotokos

DE ORTHODOXE VERERING VAN MARIA 'DE THEOTOKOS'

De heilige John Maximovitch
van Shanghai & San Francisco

Oorspronkelijke titel:
Как святая Православная Церковь чтила и чтит Божию Матерь
(Oorspronkelijke titel in Russisch)

The Orthodox Veneration of Mary The Birthgiver of God
(Engels vertaald door Vader Seraphim Rose)

Nederlandse vertaling door Spyridon & Isidora

Afbeelding omslag:
(Panagía tou Páthous) Maagd van de Passie
door Emmanuel Tzanfournaris, begin 1600

Uitgevers Maxim Hodak & Max Mendor

Boekomslag design en layout door: Max Mendor

© 2024, Uitgeverij Orthodox Logos, Nederland

www.orthodoxlogos.com

ISBN: 978-1-80484-178-5
ISBN: 978-1-80484-179-2

Niets uit deze uitgave mag worden verveelvoudigd en/of openbaar gemaakt door middel van druk, fotokopie, microfilm of op welke andere wijze ook zonder voorafgaande schriftelijke toestemming van de uitgever.

De Orthodoxe Verering van Maria
De Theotokos

De heilige John Maximovitch
van Shanghai & San Francisco

UITGEVERIJ ORTHODOX LOGOS

Inhoudsopgave

Voorwoord 7

I – De Verering Van De Moeder Gods Tijdens Haar Aardse Leven . . . 9
II – De Eerste Vijanden Van De Verering Van De Moeder Gods . . . 13
III – Pogingen Van Joden En Ketters Om Maria's Eeuwige Maagdelijkheid In Diskrediet Te Brengen 17
IV – De Nestoriaanse Ketterij En Het Derde Oecumenische Concilie . 23
V – Pogingen Van Iconoclasten Om De Roem Van De Hemelse Koningin Te Verminderen 29
VI – Jaloezie Die De Rede Te Boven Gaat 33
VII – De Orthodoxe Verering Van De Moeder Van God 47
Voetnoten 53

De Heilige John Maximovitch van Shanghai & San Francisco 58

Icoon van Moeder Gods van Vladimir (11de eeuw)

Voorwoord

De door de heilige John Maximovitch geschreven verhandeling uit 1928 is door Vader Seraphim Rose vertaald in het Engels. Via die weg bereikte de tekst over de Theotokos ons, en dat is ook de tekst die we samen met de Russische tekst hebben gebruikt.

Zoals verwacht volgt de Engelse tekst de Russische brontekst zeer nauwkeurig. Daarom hebben ook wij zoveel mogelijk de tekst behouden. Om de leesbaarheid te verbeteren hebben we echter her en der wijzigingen aangebracht in zinsconstructies of vertalingen. Zeker bij bepaalde namen, Bijbelcitaten, en titels is het handig om te verwijzen naar dat wat we al kennen in het Nederlands. Zo zijn de namen van de Moeder Gods soms gewijzigd in wat wij hier bezigen, en zijn liederen zoveel mogelijk gebaseerd op de bekende vertalingen.

De referenties naar de Heilige Schrift hebben we gecontroleerd aan de hand van twee fysieke bijbels (De Nieuwe Bijbelvertaling, Uitgeverij NBG uit 2004 + Bible in Dutch uit 1951) en diverse webpagina's, zoals de Statenvertaling. Zoals bekend bestaan er grote verschillen tussen de vertalingen, waardoor er soms is gekozen om toch de tekst van Vader John Maximovitch aan te houden, zeker omdat hij soms meer lijkt te parafraseren dan letterlijk te citeren.

In het origineel en in de Engelse vertaling staan alle referenties in de tekst zelf tussen haken. Wij hebben ervoor gekozen – om de leesbaarheid te veraangenamen – om dit toch per noten achterin te doen. De soms lange zinnen lazen namelijk al lastig genoeg. Daarbij hebben we zelf een behoorlijk aantal voetnoten toegevoegd, waaronder Bijbelreferenties, verduidelijkingen op onze vertaling aan de hand van de brontekst(en), en uitleg van bepaalde begrippen.

Ondanks onze zorg, vragen we uw vergeving voor eventuele fouten die er toch in zijn geslopen.

*Fresco van Moeder Gods en Christus in de Catacombe van Priscilla,
Via Salaria in Rome (3de eeuw)*

I

De Verering Van De Moeder Gods
Tijdens Haar Aardse Leven

Vanaf de apostolische tijd tot op de dag van vandaag brengen allen die Christus werkelijk liefhebben hulde aan degene die Hem ter wereld heeft gebracht, Hem heeft grootgebracht en beschermd in de dagen van Zijn kinderjaren. Als God de Vader haar heeft uitgekozen, de Heilige Geest op haar is neergedaald, God de Zoon in haar heeft gewoond, haar in de kindertijd heeft gehoorzaamd, voor haar heeft gezorgd terwijl Hij aan het kruis hing, zou dan niet iedereen die de Heilige Drie-eenheid belijdt ook moeten buigen voor haar?

Zelfs in de dagen van haar aardse leven toonden de vrienden van Christus – de apostelen – grote zorg en toewijding jegens de Moeder van de Heer, vooral de Evangelist Johannes de Theoloog, die, de wil van haar Goddelijke Zoon vervullend, haar tot zich nam en vanaf dat moment voor haar zorgde als voor een moeder, terwijl de Heer vanaf het kruis tot hem sprak: "Zie, uwe moeder."[1]

Evangelist Lucas vervaardigde verschillende afbeeldingen van haar, sommige samen met het Eeuwige Kind, andere zonder Hem. Toen hij ze aan de Heilige Maagd bracht en liet zien, keurde zij ze goed en zei: "De genade van mijn Zoon zal met hen zijn", en herhaalde het lied dat ze ooit in het huis van Elizabeth had gezongen: "Mijn ziel verheerlijkt de Heer en mijn hart verheugt zich in God, mijn Redder."[2]

Desondanks schuwde de Maagd Maria tijdens haar aardse leven de glorie die haar als Moeder van de Heer toebehoorde. Ze gaf er de voorkeur aan haar leven in stilte door te brengen, en zich voor te bereiden op de overgang naar het eeuwige leven. Tot de laatste dag van haar aardse leven vond ze het belangrijk om het Koninkrijk van haar Zoon waardig te zijn. Voor haar dood bad ze dat Hij haar ziel zou verlossen van de kwaadaardige geesten die menselijke zielen op weg naar de hemel proberen te vangen om ze mee te nemen naar de hades. De Heer vervulde het gebed van Zijn Moeder, en in het uur van haar dood kwam Hij Zelf met vele engelen uit de hemel om haar ziel te ontvangen.

Omdat de Moeder van God ook bad dat ze afscheid mocht nemen van de apostelen, verzamelde de Heer voor haar dood alle apostelen, behalve Thomas, die deze dag door een onzichtbare kracht vanuit de hele wereld (waar ze het Evangelie predikten) naar Jeruzalem werden gebracht, waar ze aanwezig waren bij haar gezegende overgang naar het eeuwige leven.

Met heilige gezangen begroeven de apostelen haar zuiverste lichaam, en op de derde dag openden zij de kist om opnieuw de stoffelijke resten van de Moeder Gods te vereren, samen met de in Jeruzalem gearriveerde apostel Thomas. Maar ze vonden geen lichaam in het graf en keerden verbijsterd terug. Tijdens de maaltijd verscheen de Moeder van God aan hen in de lucht, stralend van hemels licht, en vertelde dat haar Zoon haar lichaam had verheerlijkt, en zij nu, herrezen, voor Zijn Troon stond. Tegelijkertijd beloofde ze dat ze altijd bij hen zou zijn.

De apostelen begroetten de Moeder van God met grote vreugde en begonnen haar niet alleen te vereren als de Moeder van hun geliefde Leraar en Heer, maar ook als hun hemelse helper, beschermvrouwe van de christenen, en bemiddelaar voor het hele menselijke ras voor de Rechtvaardige Rechter. En waar het Evangelie van Christus ook werd gepredikt, begon Zijn Zuiverste Moeder eveneens te worden verheerlijkt.

Icoon van Moeder Gods met Christus (6de eeuw)

Icoon van Ontslaping en hemelvaart van de Maagd (17de eeuw)

II

De Eerste Vijanden Van De Verering Van De Moeder Gods

Hoe meer het geloof van Christus zich verspreidde en de Naam van de Verlosser van de wereld op aarde werd verheerlijkt, en samen met Hem ook zij die gegarandeerd de Moeder van de Godmens was, des te meer nam de haat van Christus' vijanden jegens haar toe. Maria was de moeder van Jezus. Ze gaf blijk van een tot nu toe ongehoord voorbeeld van zuiverheid en gerechtigheid. Bovendien, na dit leven te hebben verlaten, was ze zelfs een machtige steun voor christenen – hoewel onzichtbaar voor lichamelijke ogen. Allen die Jezus Christus haatten en niet in Hem geloofden, die Zijn leer niet begrepen – of om preciezer te zijn, het niet *wilden* begrijpen zoals de Kerk het leerde, die de prediking van Christus wilden vervangen door hun eigen menselijke redeneringen – droegen hun haatgevoelens jegens Christus (en tegen het Evangelie en de Kerk) over op de Zuiverste Maagd Maria. Ze wilden de Moeder kleineren, om zo ook het geloof in haar Zoon te vernietigen, om een vals beeld van haar onder de mensen te creëren, om zo de kans te krijgen de gehele christelijke leer op een ander fundament te herbouwen. In de schoot van Maria werden God en de mens verenigd. Zij was degene die als het ware de ladder vormde voor de Zoon van God die uit de hemel neerdaalde. Een slag toebrengen aan haar verering betekent het christendom bij de wortel treffen, het in zijn fundamenten vernietigen.

Het allereerste begin van haar hemelse glorie werd op aarde gekenmerkt door een uitbarsting van boosaardigheid en haat jegens haar door ongelovigen. Toen, na haar heilige heengaan, de apostelen haar lichaam droegen om in Gethsemane te begraven in de door haar gekozen plaats, ging Johannes de Theoloog vooruit met het dragen van de tak uit het paradijs, die de Aartsengel Gabriël drie dagen daarvoor naar de Heilige Maagd had gebracht, toen hij uit de hemel kwam om Maria haar naderende overgang naar de hemelse woningen aan te kondigen.

"Toen Israël uit Egypte trok, en het huis van Jakob uit het midden van een barbaars volk", zong apostel Petros uit Psalm 113. "Alleluia", zong de hele schare der apostelen samen met hun discipelen, zoals bijvoorbeeld Dionysius de Areopagiet (genoemd in Handelingen 17:34), die destijds eveneens op wonderbaarlijke wijze naar Jeruzalem was vervoerd. En terwijl deze heilige hymne werd gezongen, die door de Joden het 'Grote Halleluja' werd genoemd, het grote 'Looft de Heer', sprong een Joodse priester genaamd Athonius op de baar om deze omver te werpen, en het lichaam van de Moeder van God op de grond gooien.

De brutaliteit van Athonius werd onmiddellijk bestraft: de aartsengel Michaël hakte met een onzichtbaar zwaard zijn hand af, die aan de baar bleef hangen. De door de bliksem getroffen Athonius, die een kwellende pijn ervoer, wendde zich, zich bewust van zijn zonde, in gebed tot Jezus, die hij tot dan toe had gehad. Daarop werd hij onmiddellijk genezen. Hij aarzelde niet om het christendom te aanvaarden en het te belijden tegenover zijn voormalige geloofsgenoten, waarvoor hij van hen de marteldood ontving. Zo zorgde de poging om de eer van de Moeder van God te beledigen tot haar grotere verheerlijking.

De vijanden van Christus besloten hun gebrek aan verering voor het lichaam van de Meest Zuivere op dat moment niet verder te manifesteren door grof geweld, maar hun boosaardigheid hield niet op. Toen ze zagen dat het christendom zich overal verspreidde, begonnen ze allerlei gemene laster over christenen te verspreiden. Ook de naam van de Moeder van Christus spaarden ze niet, en ze verzonnen het verhaal dat Jezus van Nazareth uit een lage en immorele omgeving kwam, en dat Zijn Moeder met een bepaalde Romeinse soldaat omging.

Maar hier was de leugen zo duidelijk dat deze fictie niet op serieuze aandacht kon rekenen. De gehele familie van Jozef, de verloofde en Maria, was in hun tijd goed bekend bij de inwoners van Nazareth en het omliggende platteland. *Vanwaar heeft Hij die wijsheid en die krachten? Is dit niet de zoon van de timmerman? Heet Zijn moeder niet Maria, en zijn broers: Jakobus en Jozef en Simon en Judas? En behoren Zijn zussen niet allen bij ons?*[3] Dat zeiden Zijn landgenoten in Nazareth toen Christus Zijn wijsheid aan hen openbaarde in de synagoge.

In kleine steden zijn de familiezaken van iedereen bekend. Er werd toen zeer streng toegezien op de zuiverheid van het huwelijkse leven. Zouden mensen zich werkelijk met respect jegens Jezus hebben gedragen en Hem hebben geroepen om in de synagoge te prediken, als Hij uit een ongeoorloofde relatie was geboren? De wet van Mozes, die het stenigen van zulke personen beval, zou op Maria zijn toegepast. En de Farizeeën zouden meermaals van de gelegenheid gebruik hebben gemaakt om Christus te verwijten vanwege het gedrag van Zijn Moeder. Maar juist het tegendeel was het geval. Maria genoot veel respect; in Kana was zij een geëerde gast op de bruiloft[4], en zelfs toen haar Zoon werd veroordeeld, stond niemand toe Zijn Moeder belachelijk te maken of te veroordelen.

Fresco van Moeder Gods "Platytera" met Christus (onbekende datum)

Icoon van Moeder Gods met Christus (9de eeuw)

III

Pogingen Van Joden En Ketters Om Maria's Eeuwige Maagdelijkheid In Diskrediet Te Brengen

De Joodse lasteraars raakten er al snel van overtuigd dat het vrijwel onmogelijk was de Moeder van Jezus te onteren, en op basis van de informatie waarover zij zelf beschikten was het veel gemakkelijker om haar prijzenswaardig leven te bewijzen. Daarom lieten ze deze laster, die al door de heidenen was overgenomen, varen en probeerden ze op zijn minst te bewijzen dat Maria geen maagd was toen ze Christus baarde[5]. Ze zeiden zelfs dat de profetieën over de geboorte van de Messias door een maagd nooit hadden bestaan, en dat het daarom volkomen tevergeefs was dat christenen dachten Jezus te verheerlijken door het feit dat er zogenaamd een profetie in Hem in vervulling ging.

Er werden Joodse vertalers gevonden (Aquila, Symmachus, Theodotion) die nieuwe vertalingen van het Oude Testament in het Grieks maakten en daarin de bekende profetie van Jesaja (Jesaja 7:14) als volgt vertaalden: *Zie, een jonge vrouw zal zwanger worden.* Zij beweerden dat het Hebreeuwse woord *Aalma* 'jonge vrouw' betekende en niet 'maagd', zoals dat in de heilige vertaling van de Zeventig Vertalers [Septuaginta] stond, waar deze passage vertaald was met "Zie, een maagd zal zwanger worden."[6]

Met deze nieuwe vertaling wilden ze bewijzen dat christenen, op basis van een onjuiste vertaling van het woord *Aalma*, iets volkomen onmogelijks dachten toe te schrijven aan Maria: een geboorte zonder mens, terwijl de geboorte van Christus in werkelijkheid niet in het minst verschilde van andere menselijke geboorten.

De kwade bedoelingen van de nieuwe vertalers kwamen echter duidelijk aan het licht, omdat door een vergelijking van verschillende passages in de Bijbel duidelijk werd dat het woord *Aalma* precies 'maagd' betekende. En inderdaad verwachtten niet alleen de joden, maar zelfs de heidenen, op basis van hun eigen tradities en verschillende profetieën, dat de Verlosser van de wereld uit een Maagd geboren zou worden. In de Evangeliën werd duidelijk gesteld dat de Heer Jezus uit een Maagd geboren was.

Hoe zal dat geschieden, daar ik geen omgang met een man heb? vroeg Maria, die een gelofte van maagdelijkheid had afgelegd, aan de aartsengel Gabriël, die haar op de hoogte had gebracht van de geboorte van Christus.

En de engel antwoordde: *De Heilige Geest zal over u komen en de kracht van de Allerhoogste zal u overschaduwen; daarom zal ook het heilige dat geboren zal worden de Zoon van God genoemd worden.*[7]

Later verscheen de engel ook aan de rechtvaardige Jozef, die Maria uit zijn huis had willen wegsturen, omdat hij zag dat ze zwanger was geworden zonder een echtelijke gemeenschap met hem te hebben gaan. Tot Jozef zei de aartsengel Gabriël: *Vrees niet om Maria, uw vrouw, tot u te nemen: want wat in haar verwekt is, is van de Heilige Geest*, en hij herinnerde hem aan de profetie van Jesaja dat een maagd zwanger zou worden.[8]

De staf van Aäron die bloeide, de rots die zonder handen van de berg werd weggerukt, gezien door Nebukadnezar in een droom en geïnterpreteerd door de profeet Daniël, de gesloten poort gezien door de profeet Ezechiël, en nog veel meer in het Oude Testament, waren een voorafschaduwing van de geboorte vanuit de Maagd. Net zoals Adam door het Woord van God uit de onbewerkte en maagdelijke aarde was geschapen, zo schiep ook het Woord van God vlees voor Zichzelf uit een maagdelijke baarmoeder toen de Zoon van God de nieuwe Adam werd, om de zondeval van de eerste Adam te corrigeren.[9]

De zaadloze geboorte van Christus kan alleen worden ontkend door degenen die het Evangelie ontkennen, terwijl de Kerk van Christus van oudsher belijdt dat Christus 'de vleesgeworden mens van de Heilige Geest en de Maagd Maria' is. Maar de geboorte van God uit de Altijd-Maagd was een struikelsteen voor degenen die zichzelf christenen wilden noemen, maar zich niet in gedachten wilden vernederen, en niet ijverig wilden zijn voor de zuiverheid van het leven. Het zuivere leven van Maria was een verwijt voor degenen die ook in hun gedachten onrein waren. Om zichzelf christenen te tonen, durfden ze niet te ontkennen dat Christus uit een Maagd geboren was, maar begonnen ze te bevestigen dat Maria slechts maagd bleef *totdat ze haar eerstgeboren zoon, Jezus, ter wereld bracht.*[10]

"Na de geboorte van Jezus", zei de valse leraar Helvidius in de vierde eeuw, en eveneens vele anderen voor en na hem, "ging Maria het huwelijksleven met Jozef in en kreeg van hem kinderen, die in de Evangeliën de broers en zussen worden genoemd. zusters van Christus." Maar het woord 'totdat'[11] betekent niet dat Maria slechts tot een bepaalde tijd maagd bleef. Het woord 'totdat' en soortgelijke woorden duiden vaak op de eeuwigheid. In de Heilige Schrift wordt over Christus gezegd: *In Zijn dagen zullen gerechtigheid en een overvloed aan vrede schijnen,* **totdat** *de maan wordt weggenomen*[12], maar dit betekent niet dat wanneer er geen maan meer is aan het einde van de wereld, Gods gerechtigheid niet langer zal bestaan; juist dan zal het zegevieren. En wat betekent het als er staat: *Want Hij moet als koning heersen,* **totdat** *Hij al Zijn vijanden onder Zijn voeten gelegd heeft?*[13] Moet de Heer dan slechts voor de tijd regeren totdat Zijn vijanden onder Zijn voeten zullen liggen?! En David zegt in de vierde Psalm van de Hemelvaart: *Zoals de ogen van de dienstmaagd kijken naar de banden van haar minnares, zo kijken onze ogen naar de Heer, onze God,* **totdat** *Hij medelijden met ons krijgt*[14]. Dus de Profeet zal zijn ogen op de Heer richten totdat hij genade verkrijgt, maar nadat hij deze heeft verkregen, zal hij ze naar de aarde richten?[15] De Heiland in het evangelie zegt tegen de apostelen: *Zie, ik ben altijd bij jullie, zelfs* **tot** *aan het einde van de wereld.*[16] Dus na het einde van de wereld zal de Heer afstand nemen van Zijn discipelen, en dan, wanneer zij de twaalf stammen van Israël op twaalf tronen zullen oordelen, zullen zij niet de beloofde gemeenschap met de Heer hebben?[17]

Het is eveneens onjuist om te denken dat de broeders en zusters van Christus de kinderen van Zijn Allerheiligste Moeder waren. De woorden "broer" en "zus" hebben verschillende betekenissen. Deze woorden duiden op een bepaalde verwantschap tussen mensen of hun spirituele nabijheid en worden soms in bredere en soms in nauwkeurigere zin gebruikt. In ieder geval worden mensen broers of zussen genoemd als ze een gemeenschappelijke vader en moeder hebben, of alleen een gemeenschappelijke vader of moeder; of zelfs als ze verschillende vaders en moeders hebben, als hun ouders later (nadat ze weduwe zijn geworden) zijn getrouwd (stiefbroers); of als hun ouders nauw verwant zijn.

In het Evangelie is nergens te zien dat degenen die de broers van Jezus worden genoemd, de kinderen van Zijn Moeder waren of als zodanig werden beschouwd. Integendeel, het was bekend dat Jakobus en anderen de zonen waren van Jozef, de verloofde van Maria, die weduwnaar was met kinderen uit zijn eerste vrouw.[18] Op dezelfde manier had de zuster van zijn moeder, Maria, de vrouw van Cleopas, die met haar aan het kruis van de Heer stond[19], ook kinderen, die met het oog op van zo'n nauwe verwantschap met alle recht ook broeders van de Heer zouden kunnen worden genoemd. Dat de zogenaamde broeders en zusters van de Heer niet de kinderen van Zijn Moeder waren, blijkt duidelijk uit het feit dat de Heer Zijn Moeder vóór Zijn dood toevertrouwde aan Zijn geliefde discipel Johannes. Waarom zou Hij dit doen als zij naast Hem nog andere kinderen had? Zij zouden zelf voor haar hebben gezorgd. De zonen van Jozef, de zogenaamde vader van Jezus, achtten zich niet verplicht om voor iemand te zorgen die zij als hun stiefmoeder beschouwden, of hadden in ieder geval niet zoveel liefde voor haar als bloedkinderen voor hun ouders, en zoals de geadopteerde Johannes voor haar had.

Een zorgvuldige studie van de Heilige Schrift onthult dus met volledige duidelijkheid de onwerkelijkheid van de bezwaren tegen de eeuwige maagdelijkheid van Maria en zet degenen die anders onderwijzen te schande.

Icoon van Ontslaping Moeder Gods (14de eeuw)

IV
De Nestoriaanse Ketterij En Het Derde Oecumenische Concilie

Toen iedereen die het had gewaagd zich uit te spreken tegen de heiligheid en zuiverheid van de Allerheiligste Maagd Maria tot zwijgen waren gebracht, werd een poging ondernomen om haar verering als Moeder van God te vernietigen. In de vijfde eeuw begon de aartsbisschop van Constantinopel, Nestorios[20], te prediken dat uit Maria alleen de mens Jezus was geboren, in wie de godheid zijn intrek had genomen en in Hem had gewoond als in een tempel. Eerst liet hij zijn priester Anastasios toe om dit te prediken, en daarna begon hij zelf openlijk in de kerk te onderwijzen dat men Maria niet 'Theotokos' mocht noemen, aangezien zij de Godmens niet had gebaard. Hij vond het vernederend voor zichzelf om een in doeken gewikkeld en in een kribbe liggend kind te aanbidden.

Dergelijke preken veroorzaakten een universele verstoring en onbehagen over de zuiverheid van het geloof, eerst in Constantinopel en daarna overal waar geruchten over de nieuwe leer zich verspreidden. De heilige Proklos, de discipel van Johannes Chrysostomos, die toen bisschop van Cyzicus en later aartsbisschop van Constantinopel werd, hield in aanwezigheid van Nestorios in de kerk een preek, waarin hij beleed dat de Zoon van God geboren was in het vlees van de Maagd, die waarlijk de Moeder van God (geboortegever van God, oftewel Theotokos) is, want al in de schoot van de Meest Zuivere, ten tijde van haar conceptie, werd de Goddelijkheid verenigd met het Kind dat verwekt was door de Heilige Geest; en dit Kind werd, ook al werd het alleen in Zijn menselijke natuur uit de Maagd Maria geboren, toch als waarachtig God en waarlijk mens geboren.

Nestorios weigerde koppig zijn leer te veranderen en zei dat men onderscheid moet maken tussen Jezus en de Zoon van God, dat Maria niet Theotokos genoemd mag worden, maar Christotokos (geboortegever van Christus), aangezien [volgens Nestorios] Jezus die uit Maria geboren werd slechts de mens Christus was (wat Messias, de gezalfde betekent), zoals Gods gezalfden van oudsher, de profeten, en dat Hij de profeten enkel overtrof in de volheid van gemeenschap met God. De leer van Nestorios betekende dus een ontkenning van de gehele economie van God, want als uit Maria slechts een mens werd geboren, dan was het niet God die voor ons leed, maar een mens.

De heilige Kyrillos, aartsbisschop van Alexandrië, die hoorde over de leer van Nestorios en over de kerkelijke wanorde die door deze leer in Constantinopel werd opgeroepen, schreef een brief aan Nestorios, waarin hij hem probeerde te overtuigen de leer vast te houden die de Kerk had beleden sinds de stichting, en niets nieuws in deze leer te introduceren. Bovendien schreef Kyrillos aan de geestelijkheid en het volk van Constantinopel dat ze standvastig moesten zijn in het Orthodoxe geloof en niet bang moesten zijn voor de vervolgingen door Nestorios tegen degenen die het niet met hem eens waren. Kyrillos schreef dit alles eveneens naar Rome, naar de heilige paus Celestinus, die met zijn hele kudde standvastig in de Orthodoxie stond.

Paus Celestinus schreef van zijn kant aan Nestorios en riep hem op om het Orthodoxe geloof te prediken, en niet het zijne. Maar Nestorios bleef doof voor alle overtuigingen en antwoordde dat wat hij predikte het Orthodoxe geloof was, terwijl zijn tegenstanders ketters waren. Kyrillos schreef Nestorios opnieuw en componeerde twaalf anathema's, dat wil zeggen, hij zette in twaalf paragrafen de belangrijkste verschillen uiteen tussen de Orthodoxe leer en de leer die door Nestorios werd gepredikt, waarbij hij iedereen als geëxcommuniceerd uit de Kerk erkende die zelfs maar één van de paragrafen die hij had opgetekend zou verwerpen.

Nestorios verwierp de gehele tekst van Kyrillos en schreef zijn eigen uiteenzetting van de leer die hij predikte, eveneens in twaalf paragrafen, waarbij hij iedereen die deze niet aanvaardde, vervloekte (dat wil zeggen: excommunicatie van de Kerk). Het gevaar voor de zuiverheid van het geloof werd steeds groter. Kyrillos schreef een brief aan Theodosios de Jongere, die toen regeerde, aan diens vrouw Eudokia, en aan de zuster van de keizer, Pulcheria, waarin hij hen smeekte zich eveneens met kerkelijke zaken bezig te houden en de ketterij te beteugelen.

Er werd besloten een oecumenisch concilie bijeen te roepen, waarop hiërarchen, verzameld aan de uiteinden van de wereld, moesten beslissen of het door Nestorios gepredikte geloof Orthodox was. Als plaats voor het concilie, dat het Derde Oecumenische Concilie zou zijn, kozen zij de stad Efeze, waar de Allerheiligste Maagd Maria ooit samen met de apostel Johannes de Theoloog had gewoond[21]. Kyrillos verzamelde zijn collega-bisschoppen in Egypte en reisde samen met hen over zee naar Efeze. Vanuit Antiochië over land kwam Johannes, aartsbisschop van Antiochië, met de oosterse bisschoppen. De bisschop van Rome, Celestinus, kon zelf niet gaan en vroeg Kyrillos om het Orthodoxe geloof te verdedigen, en bovendien stuurde hij twee bisschoppen van hemzelf, en de Roomse priester Filippus, aan wie hij ook instructies gaf over wat te zeggen. Naar Efeze kwamen eveneens Nestorios en de bisschoppen van de regio van Constantinopel, en de bisschoppen van Palestina, Klein-Azië en Cyprus.

In 431 kwamen de bisschoppen in de Kerk van de Maagd Maria te Efeze bijeen, onder leiding van de bisschop van Alexandrië, Kyrillos, en de bisschop van Efeze, Memnon, en namen hun plaatsen in. In hun midden werd een Evangelie geplaatst als teken van het onzichtbare leiderschap van het Oecumenisch Concilie door Christus Zelf. Eerst werd de geloofsbelijdenis voorgelezen dat was samengesteld tijdens het Eerste en Tweede Oecumenische Concilie. Vervolgens werd aan het Concilie de keizerlijke proclamatie voorgelezen die was ingediend door de vertegenwoordigers van de keizers Theodosios en Valentinianus, keizers van de oostelijke en westelijke delen van het rijk.

Nadat de keizerlijke proclamatie was gehoord, begon het voorlezen van de documenten en werden de brieven van Kyrillos en Celestinus aan Nestorios voorgelezen, evenals de antwoorden van Nestorios. Het Concilie erkende bij monde van zijn leden dat de leer van Nestorios goddeloos was en veroordeelde deze, waarbij hij erkende dat Nestorios beroofd was van zijn zetel en van het priesterschap. Hierover werd een decreet opgesteld dat door ongeveer 160 deelnemers aan de Raad werd ondertekend; en aangezien sommigen van hen ook andere bisschoppen vertegenwoordigden die niet de gelegenheid hadden om persoonlijk bij het Concilie aanwezig te zijn, was het decreet van het Concilie feitelijk het besluit van meer dan 200 bisschoppen, die op dat moment hun zetels hadden in de verschillende regio's van de Kerk, en zij getuigden dat zij het geloof beleden dat sinds de oudheid in hun plaatsen werd bewaard.

Het decreet van het Concilie was dus de stem van de Oecumenische[22] Kerk, die duidelijk haar geloof uitdrukte dat Christus, geboren uit de Maagd, de ware God is Die mens werd; en aangezien Maria het leven schonk aan de volmaakte Man Die tegelijkertijd de volmaakte God was, zou zij terecht vereerd moeten worden als THEOTOKOS.

Aan het einde van de zitting werd het decreet onmiddellijk aan het wachtende volk meegedeeld. Heel Efeze was blij toen het vernam dat de verering van de Heilige Maagd verdedigd was, want zij werd vooral vereerd in deze stad, waarvan zij tijdens haar aardse leven een inwoner was geweest en een beschermvrouwe sinds haar vertrek naar het eeuwige leven. De mensen begroetten de Vaders extatisch toen ze 's avonds na de zitting naar huis terugkeerden. Ze vergezelden hen naar hun huizen met brandende fakkels en brandden wierook op straat. Overal waren vreugdevolle groeten te horen, de verheerlijking van de Altijd-Maagd en de lofprijzingen van de Vaders die haar naam tegen de ketters hadden verdedigd. Het decreet van het Concilie werd tentoongesteld in de straten van Efeze.

Het Concilie had nog vijf zittingen, op 10 en 11 juni, 16, 17 en 22 juli, en 31 augustus. Tijdens deze zittingen werden in zes canons actiemaatregelen uiteengezet tegen degenen die de leer zouden durven verspreiden van Nestorios en het decreet van het Concilie van Efeze wijzigden.

Op de klacht van de bisschoppen van Cyprus tegen de pretenties van de bisschop van Antiochië verordende het Concilie dat de Kerk van Cyprus haar onafhankelijkheid in het kerkbestuur, die zij van de apostelen in bezit had gekregen, moest behouden, en dat geen van de bisschoppen gebieden mocht toe-eigenen die voorheen onafhankelijk van hen waren geweest, "opdat onder het voorwendsel van het priesterschap de trots van de aardse macht niet zou binnensluipen, en opdat wij, door deze beetje bij beetje te ruïneren, de vrijheid zouden verliezen die onze Heer Jezus Christus, de Bevrijder van alle mensen, ons door Zijn Bloed heeft gegeven".

Het Concilie bevestigde eveneens de veroordeling van de pelagiaanse ketterij, die leerde dat de mens op eigen kracht gered kan worden zonder de noodzaak van de genade van God. Het besliste ook over bepaalde zaken van het kerkelijk bestuur, en richtte brieven aan de bisschoppen die het Concilie niet hadden bijgewoond, waarbij de decreten ervan werden aangekondigd en iedereen werd opgeroepen om het Orthodoxe geloof en de vrede van de Kerk te bewaken. Tegelijkertijd erkende het Concilie dat de leer van de Orthodoxe Oecumenische Kerk volledig en duidelijk genoeg was uiteengezet in de geloofsbelijdenis van Nicea, en daarom heeft zij zelf geen nieuwe geloofsbelijdenis samengesteld en in de toekomst verboden om een ander geloof samen te stellen, dat wil zeggen, om andere geloofsbelijdenissen samen te stellen of veranderingen aan te brengen in de belijdenis die op het Tweede Oecumenisch Concilie [in Constantinopel] was bevestigd.

Dit laatstgenoemde decreet werd enkele eeuwen later door westerse christenen overtreden toen, eerst op afzonderlijke plaatsen, en daarna in de gehele Roomse Kerk, aan de geloofsbelijdenis toegevoegd werd dat de Heilige Geest "en uit de Zoon"[23] voortkomt, dat vanaf de elfde eeuw door de Romeinse pausen werd goedgekeurd. Ook al hielden hun voorgangers, te beginnen met Celestinus, tot die tijd vastberaden vast aan de beslissing van het Concilie van Efeze, het Derde Oecumenische Concilie, en voerden deze ook uit.

Zo werd er vrede gevestigd in de Kerk, die was verstoord door Nestorios. Het ware geloof werd verdedigd en valse leer werd aan het licht gebracht. Op het Derde Oecumenische Concilie werd de leer van de Kerk over de Moeder van God krachtig en duidelijk beleden. Het zette nauwkeurig de belijdenis uiteen van de goddelijkheid van Christus, die uit de Maagd geboren werd. Het geloof van de Kerk en haar oordeel over deze kwestie waren nu zo duidelijk verwoord dat niemand nog langer zijn eigen valse redeneringen aan de Kerk kon toeschrijven. In de toekomst zouden er andere vragen kunnen rijzen die de beslissing van de hele Kerk vereisen, maar niet de vraag *of Jezus Christus God was*.

De daaropvolgende Raden baseerden zich in hun beslissingen op de decreten van de Raden die eraan vooraf waren gegaan. Ze stelden geen nieuwe geloofsbelijdenis samen, maar gaven er alleen een uitleg van. Op het Derde Oecumenische Concilie werd *de leer van de Kerk over de Moeder van God* krachtig en duidelijk beleden. Eerder hadden de Heilige Vaders degenen beschuldigd die het onberispelijke leven van de Maagd Maria hadden belasterd; en nu met betrekking tot degenen die hadden geprobeerd haar eer te verminderen, werd aan iedereen verkondigd: "Hij die niet belijdt dat Immanuël de ware God is en daarom de Heilige Maagd de Theotokos is, omdat zij in het vlees geboorte heeft gegeven aan het Woord Dat uit God de Vader en Dat vlees werd: laat hem een gruwel zijn (geëxcommuniceerd uit de Kerk)."[24]

Fresco De bewening van Christus
Gorno Nerezi, Noord-Macedonië (12de eeuw)

V

Pogingen Van Iconoclasten Om De Roem Van De Hemelse Koningin Te Verminderen[25]

Na het Derde Oecumenische Concilie begonnen christenen, zowel in Constantinopel als op andere plaatsen, nog ijveriger hun toevlucht te nemen tot de voorspraak van de Moeder van God, en hun hoop op haar voorspraak was niet tevergeefs. Zij toonde haar hulp aan talloze zieke mensen, hulpeloze mensen, en mensen in tegenspoed. Vele malen verscheen zij als verdediger van Constantinopel tegen uiterlijke vijanden, en één keer toonde zij zelfs op zichtbare wijze aan de heilige Andreas de Dwaas voor Christus haar wonderbaarlijke bescherming over de mensen die 's nachts aan het bidden waren in de Tempel van Blachernae.[26]

De Koningin van de Hemel schonk de overwinning in veldslagen aan de Byzantijnse keizers, daarom hadden ze de gewoonte om in hun campagnes haar Icoon van Hodigitria (Gids) mee te nemen. Ze versterkte asceten en fanatiekelingen van het christelijke leven in hun strijd tegen menselijke hartstochten en zwakheden. Ze verlichtte en instrueerde de Kerkvaders en Leraren, inclusief de heilige Kyrillos van Alexandrië zelf, toen hij aarzelde de onschuld en heiligheid van de heilige Johannes Chrysostomos te erkennen. De Meest Zuivere Maagd plaatste hymnen in de mond van de componisten van kerkelijke hymnen, en maakte soms beroemde zangers van hen die geen talent voor zang hadden, maar die vrome arbeiders waren, zoals de heilige Romanus de Zoete Zanger (de Melodist). Is het daarom verrassend dat christenen ernaar streefden de naam van hun constante Voorbidster te verheerlijken? Ter ere van haar werden feesten ingesteld, aan haar werden wonderbaarlijke liederen opgedragen, en haar iconen werden vereerd.

De boosaardigheid van de 'prins van deze wereld' bewapende de 'zonen van de afvalligheid' opnieuw, om de strijd aan te gaan tegen Immanuël en

Zijn Moeder. In hetzelfde Constantinopel, dat nu, net als Efeze voorheen, de Moeder van God als haar Voorbidster vereerde. Omdat ze aanvankelijk niet openlijk tegen de Uitverkoren Leider durfden te spreken, wilden ze haar verheerlijking verminderen door de verering van de Iconen van Christus en Zijn heiligen te verbieden, en dit afgoderij te noemen. De Moeder van God versterkte nu ook de fanatici van vroomheid in de strijd om de verering van beelden, door vele tekenen van haar iconen te manifesteren en de afgehakte hand van de heilige Johannes van Damascus te genezen[27], die had geschreven ter verdediging van de iconen.

De vervolging van de vereerders van iconen en heiligen eindigde opnieuw in de overwinning en triomf van de Orthodoxie, want de verering die aan de iconen wordt gegeven, stijgt op naar degenen die erop zijn afgebeeld; en de heiligen van God worden vereerd als vrienden van God ter wille van de goddelijke genade die in hen woonde, in overeenstemming met de woorden van de Psalm: "Het kostbaarst voor mij zijn Uw vrienden."[28] De Meest Zuivere Moeder van God werd met bijzondere eer verheerlijkt in de hemel en op aarde, en zij manifesteerde, zelfs in de dagen van de spot met de heilige iconen, door hen zoveel wonderen dat we ze zelfs vandaag de dag met berouw gedenken. De hymne "De gehele schepping verheugt zich in u, O gij die vol genade zijt"[29], en de Icoon van de Drie Handen herinneren ons aan de genezing van Johannes Damascenus vóór deze icoon. De Iveron Icoon[30] van de Moeder Gods herinnert ons aan de wonderbaarlijke bevrijding van vijanden door deze icoon, die in zee was gegooid door een weduwe die het niet kon redden.

Geen enkele vervolging tegen degenen die de Moeder van God vereerden en alles wat met de herinnering aan haar verbonden is, zou de liefde van christenen voor hun Voorbidster kunnen verminderen. De regel werd vastgelegd dat elke reeks hymnes in de erediensten moest eindigen met een hymne of vers ter ere van de Moeder van God (de zogenaamde "Theotokia"). Vele malen per jaar komen christenen uit alle hoeken van de wereld samen in de kerk, zoals voorheen, om haar te prijzen, om haar te bedanken voor de weldaden die zij heeft betoond, en om genade te smeken.

Maar zou de tegenstander van christenen, de duivel, die *als een brullende leeuw rondgaat, zoekende wie hij zal verslinden*[31], een onverschillige toeschouwer blijven van de luister van de Onbevlekte? Zou hij kunnen erkennen dat hij verslagen is, en ophouden oorlog te voeren tegen de waarheid, met de hulp van mensen die zijn wil doen? En dus, toen het hele universum weergalmde van het evangelie van het christelijk geloof, toen overal de naam van de Allerheiligste werd aangeroepen, toen de aarde gevuld was met kerken, toen de huizen van christenen werden versierd met haar [Theotokos] iconen, toen dook er een nieuwe valse leer over de Moeder van God op die zich begon te verspreiden. Deze valse leer is des te gevaarlijker, omdat velen niet onmiddellijk kunnen begrijpen in welke mate zij de ware verering van de Moeder van God ondermijnt.

Fresco van Anna en Joachim met Maria (onbekende datum)

VI

Jaloezie Die De Rede Te Boven Gaat

*Perversie door de Latijnen van de ware verering van
de Heilige Maagd Maria, in het nieuw uitgevonden dogma
van de 'Onbevlekte Ontvangenis'*

Toen degenen die het onberispelijke leven van de Allerheiligste Maagd veroordeelden waren berispt, evenals degenen die haar voor-altijd-maagdelijkheid ontkennen, degenen die haar waardigheid als de Moeder van God ontkennen, en degenen die haar iconen minachtten, toen de glorie van de Moeder van God het hele universum had verlicht, dook er een leer op die de Maagd Maria schijnbaar hoog verhief, maar in werkelijkheid al haar deugden ontkende.

Deze leer wordt de Onbevlekte Ontvangenis van de Maagd Maria genoemd en werd aanvaard door de volgelingen van de pauselijke troon van Rome. De leer is deze: "de Algezegende Maagd Maria werd, op het eerste moment van haar ontvangenis, door de bijzondere genade van de Almachtige God en door een speciaal voorrecht, ter wille van de toekomstige verdiensten van Jezus Christus, Verlosser van het menselijk ras, vrij van alle smet van de erfzonde bewaard".[33] Met andere woorden, de Moeder van God werd bij haar conceptie behoed voor de erfzonde en werd, door de genade van God, in een staat geplaatst waarin het voor haar onmogelijk was om persoonlijke zonden te hebben.

Christenen hadden hier vóór de 9de eeuw nog nooit van gehoord, toen de abt van Corvey, Paschasius Radbertus, voor het eerst de mening uitsprak dat de Heilige Maagd zonder erfzonde was ontvangen. Vanaf de 12de eeuw begint dit idee zich te verspreiden onder de geestelijkheid en de kudde van de westerse kerk, die al was afgesplitst van de Universele Kerk en daardoor de genade van de Heilige Geest had verloren.

Maar lang niet alle leden van de Roomse kerk waren het met de nieuwe leer eens. Er was onenigheid tussen de meest gerenommeerde theologen van het Westen, de pijlers, om zo te zeggen, van de Latijnse kerk. Thomas van Aquino en Bernard van Clairvaux veroordeelden het resoluut, terwijl Duns Scotus het verdedigde. Vanuit de leraren werd deze verdeeldheid overgedragen op hun discipelen: de Latijnse Dominicaanse monniken predikten, zoals hun leraar Thomas van Aquino, tegen de leer van de Onbevlekte Ontvangenis, terwijl de volgelingen van Duns Scotus, de Franciscanen, ernaar streefden deze overal te verankeren. De strijd tussen deze twee stromingen duurde enkele eeuwen. Zowel aan de ene als aan de andere kant waren er mensen die onder de Rooms-katholieken als de grootste autoriteiten werden beschouwd.

Het hielp niet bij het oplossen van de kwestie dat sommigen zeiden dat zij hierover een openbaring van bovenaf hadden gekregen. De moniale Bridget van Zweden, in de 14de eeuw beroemd onder de Rooms-katholieken, sprak in haar geschriften over de verschijningen aan haar van de Moeder van God, die haar zelf vertelde dat zij onberispelijk was verwekt, zonder erfzonde. Maar haar tijdgenoot, de nog bekendere ascetische Catharina van Siena, bevestigde dat de Heilige Maagd in haar ontvangenis deelnam aan de erfzonde, waarover zij een openbaring van Christus Zelf had ontvangen.[34]

Noch op basis van theologische geschriften, noch op basis van wonderbaarlijke manifestaties die elkaar tegenspraken, kon de Latijnse kudde dus lange tijd onderscheiden waar de waarheid lag. De Romeinse pausen tot Sixtus IV (gezeteld van 1471-1484) bleven buiten deze geschillen, en alleen deze paus [Sixtus IV] keurde in 1475 een dienst goed waarin de leer van de Onbevlekte Ontvangenis duidelijk tot uitdrukking kwam. Enkele jaren later verbood hij een veroordeling van degenen die in de Onbevlekte Ontvangenis geloofden. Maar zelfs Sixtus IV besloot nog niet te bevestigen dat dit de onwrikbare leer van de kerk was. Daarom veroordeelde hij, nadat hij de veroordeling had verboden van degenen die in de Onbevlekte Ontvangenis geloofden, ook niet degenen die anders geloofden.

Intussen kreeg de leer van de Onbevlekte Ontvangenis steeds meer aanhangers onder de leden van de Roomse kerk. De reden hiervoor was dat het volgens hen vromer en aangenamer leek om de Moeder van God zoveel mogelijk luister te geven. Aan de ene kant het streven van het volk om de hemelse Voorbidster te verheerlijken, en aan de andere kant de afwijking van westerse theologen in abstracte speculaties die alleen maar tot een schijnbare waarheid leidden (scholastiek), en ten slotte het beschermheerschap van de Romeinse pausen. Na Sixtus IV leidde dit alles ertoe dat de mening over de Onbevlekte Ontvangenis, die in de 9de eeuw door Paschasius Radbertus was geuit, in de 19de eeuw inmiddels het algemene geloof van de Latijnse kerk was. Het enige wat nog moest gebeuren was dit definitief verkondigen als de leer van de kerk. Dat werd gedaan door de Roomse paus Pius IX, tijdens een plechtige dienst op 8 december 1854, toen hij verklaarde dat de Onbevlekte Ontvangenis van de Allerheiligste Maagd een dogma van de Roomse kerk was. Zo voegde de Roomse Kerk nog een afwijking toe aan de leer die zij had beleden toen zij lid was van de Katholieke, Apostolische Kerk, welk geloof tot nu toe onveranderd door de Orthodoxe Kerk wordt vastgehouden.

De verkondiging van het nieuwe dogma stelde de brede massa mensen tevreden, die tot de Roomse kerk behoorden, die in eenvoud van hart dachten dat de verkondiging van de nieuwe leer in de kerk zou dienen tot grotere luister van de Moeder van God, aan wie ze hiermee een geschenk dachten aan te bieden. Er werd ook voldaan aan de ijdelheid van de westerse theologen die het verdedigden en uitwerkten. De verkondiging van het nieuwe dogma was echter bovenal gunstig voor de Romeinse troon zelf. Want door het nieuwe dogma op eigen gezag te hebben verkondigd, eigende de Roomse paus zichzelf openlijk het recht toe om de leer van de Roomse kerk te veranderen en zijn eigen stem boven het getuigenis van de Heilige Schrift en de Traditie te plaatsen. Een directe gevolgtrekking hiervan was het feit dat de Romeinse pausen onfeilbaar waren in geloofszaken, wat inderdaad dezelfde paus Pius IX in 1870 eveneens tot dogma van de Rooms-katholieke kerk verkondigde.[35]

Zo werd de leer van de westerse kerk veranderd, nadat zij al lange tijd was afgesneden van de gemeenschap met de Ware Kerk. Het heeft steeds nieuwe leerstellingen in zichzelf geïntroduceerd, waarbij gedacht wordt dat de Waarheid nog verder wordt verheerlijkt, maar deze in werkelijkheid verdraait. Terwijl de Orthodoxe Kerk nederig belijdt wat zij van Christus en de Apostelen heeft ontvangen, durft de Roomse Kerk daar iets aan toe te voegen, soms uit *ijver die niet in overeenstemming is met het verstand*[36], en soms door te vervallen in bijgeloof en in *de tegenstellingen der ten onrechte zo genoemde kennis.*[37] Het kon ook niet ander zijn; want *de poorten van de hel zullen de Kerk niet overweldigen*[38] wordt alleen aan de Ware, Universele Kerk beloofd; maar aan degenen die ervan zijn afgedwaald gaan de woorden in vervulling *evenals de rank geen vrucht kan dragen uit zichzelf, als hij niet aan de wijnstok blijft, zo ook gij niet, indien gij niet in Mij blijft.*[39]

Het is waar dat juist in de definitie van het nieuwe dogma wordt gezegd dat er geen nieuwe leer wordt vastgesteld, maar dat er alleen datgene wordt verkondigd dat altijd in de kerk heeft bestaan en dat door veel heilige vaders wordt vastgehouden, fragmenten uit wiens geschriften worden geciteerd. Alle geciteerde verwijzingen spreken echter alleen over de verheven heiligheid namen die haar zuiverheid en spirituele macht definiëren; maar nergens wordt iets gezegd over de onberispelijkheid van haar ontvangenis. Ondertussen zeggen deze zelfde heilige vaders op andere plaatsen dat alleen Jezus Christus volledig zuiver is van elke zonde. Toch baarden mensen, geboren uit Adam, vlees dat onderworpen was aan de wet van de zonde. Geen van de oude Heilige Vaders zegt dat God op wonderbaarlijke wijze de Maagd Maria zuiverde terwijl ze zich nog in de baarmoeder bevond; en velen geven rechtstreeks aan dat de Maagd Maria, net als alle mensen, een strijd met zondigheid heeft doorstaan, maar de verleidingen heeft overwonnen en werd gered door haar Goddelijke Zoon.

Commentatoren van de Latijnse belijdenis zeggen eveneens dat de Maagd Maria door Christus werd gered. Maar zij begrijpen dit in de zin dat Maria werd behoed voor de smet van de erfzonde met het oog op de toekomstige verdiensten van Christus.[40] Volgens hun leer ontving de Maagd Maria als het ware vooraf het geschenk dat Christus aan de mensen bracht door Zijn lijden en dood aan het Kruis. Bovendien beschouwen zij, sprekend over de kwellingen van de Moeder van God die zij heeft doorstaan aan het kruis van haar geliefde Zoon, en in het algemeen over het verdriet waarmee het leven van de Moeder van God was gevuld, deze als een aanvulling op het lijden van Christus en Maria als onze medeverlosser.

Volgens het commentaar van de Latijnse theologen is "Maria een medewerker van onze Verlosser als medeverlosser".[41] "In de daad van de verlossing heeft zij in zekere zin Christus geholpen".[42] "De Moeder van God", schrijft dr. Lentz, "droeg de last van haar martelaarschap niet alleen moedig, maar ook met vreugde, ook al was ze met een gebroken hart".[43] Om deze reden is zij "een aanvulling op de Heilige Drie-eenheid", en "net zoals haar Zoon de enige Middelaar is die door God is gekozen tussen Zijn Vader en zondige mensen, zo is ook de Heilige Maagd de voornaamste Middelares die Hij tussen Zijn Zoon en ons heeft geplaatst." "In drie opzichten – als dochter, als moeder en als echtgenote van God – wordt de Heilige Maagd verheven tot een zekere gelijkheid met de Vader, tot een zekere superioriteit over de Zoon, tot een zekere nabijheid tot de Heilige Geest."[44]

Dus, volgens de leer van de vertegenwoordigers van de Latijnse theologie, wordt de Maagd Maria in het verlossingswerk zij aan zij met Christus Zelf geplaatst en verheven tot gelijkheid met God. Verder dan dit kan men niet gaan. Ook al is dit alles nog niet definitief geformuleerd als dogma van de Roomse kerk, heeft de Romeinse paus Pius IX, nadat hij de eerste stap in deze richting had gezet, de richting aangegeven voor de verdere ontwikkeling van de algemeen erkende leer van zijn kerk. Hij heeft hiermee indirect de hierboven aangehaalde leer over de Maagd Maria bevestigd.

Zo bewandelt de Roomse kerk, in haar streven om de Allerheiligste Maagd te verheerlijken, het pad van volledige *vergoddelijking* van haar. En als de autoriteiten Maria zelfs een aanvulling op de Heilige Drie-eenheid noemen, mag men spoedig verwachten dat de Maagd net als God vereerd zal worden. Een groep denkers die nog steeds tot de Orthodoxe Kerk behoren, maar die een nieuw theologisch systeem aan het bouwen zijn, gebaseerd op de filosofische leer van de Wijsheid, als een speciale kracht die het Goddelijke en de schepping verbindt, heeft hetzelfde pad gevolgd. Ze ontwikkelen ook de leer van de waardigheid van de Moeder van God en willen in haar een wezen zien dat iets is tussen God en de mens. In sommige kwesties zijn ze gematigder dan de Latijnse theologen, maar in andere hebben ze hen reeds achter zich gelaten. Hoewel ze de leer van de Onbevlekte Ontvangenis en de vrijheid van de erfzonde ontkennen, onderwijzen ze nog steeds haar volledige vrijheid van alle persoonlijke zonden, terwijl ze in haar een Bemiddelaar zien tussen de mensen en God, zoals Christus: in de persoon van Christus is er op aarde de Tweede Persoon van de Heilige Drie-eenheid, het Eeuwige Woord, de Zoon van God; terwijl de Heilige Geest gemanifesteerd wordt door de Maagd Maria.

Toen de Heilige Geest in de Maagd Maria kwam wonen, verwierf zij volgens de woorden van een van de vertegenwoordigers van deze tendens "een dyadisch leven, menselijk en goddelijk; dat wil zeggen: zij werd volledig vergoddelijkt, omdat in haar hypostatische wezen zich de levende, creatieve openbaring van de Heilige Geest manifisteerde".[45] "Zij is een perfecte manifestatie van de Derde Hypostasis", "een schepsel, maar ook niet langer een schepsel". Dit streven naar de vergoddelijking van de Moeder van God kan vooral in het Westen worden waargenomen, waar tegelijkertijd verschillende sekten met een protestants karakter groot succes boeken, samen met de belangrijkste takken van het protestantisme, het lutheranisme en het calvinisme, die in het algemeen de verering van de Moeder Gods en het aanroepen van haar in gebed ontkennen.

Maar we kunnen met de woorden van de heilige Epifanius van Cyprus zeggen: "Er schuilt evenveel schade in deze beide ketterijen, zowel wanneer mensen de Maagd vernederen als wanneer ze, in tegendeel, haar verheerlijken boven wat gepast is"[46]. Deze Heilige Vader beschuldigt degenen die haar een bijna goddelijke aanbidding geven in hetzelfde werk: "Laat Maria geëerd worden, maar laat de Heer aanbeden worden". In dezelfde bron zegt hij: "Hoewel Maria een uitverkoren werktuig[47] is, was zij toch van nature een vrouw, die in het geheel niet te onderscheiden was van anderen. Hoewel de geschiedenis van Maria en de Traditie vertellen dat er in de woestijn tegen haar vader Joachim werd gezegd 'Uw vrouw is zwanger geworden'[48], gebeurde dit toch niet zonder huwelijksvereniging en niet zonder het zaad van de mens". "Men moet de heiligen niet boven het goede vereren, maar moet hun Meester vereren. Maria is niet God, en heeft geen lichaam uit de hemel ontvangen, maar door de vereniging van man en vrouw; en volgens de belofte, zoals Isaak, was ze bereid deel te nemen aan de Goddelijke Economie. Maar laat aan de andere kant niemand op dwaze wijze de Heilige Maagd durven beledigen"[49].

Mozaïek Moeder Gods "Platytera" met Christus

De Orthodoxe Kerk, die de Moeder van God hoog verheerlijkt in haar lofzangen, durft niet aan haar toe te schrijven wat niet over haar is gecommuniceerd door de Heilige Schrift of door Traditie. "De waarheid is vreemd aan alle overdrijvingen, maar ook aan alle afzwakkingen. Zij geeft aan alles een passende maat en passende plaats"[50]. Terwijl zij de onberispelijkheid van de Maagd Maria verheerlijken en het moedig dragen van het verdriet in haar aardse leven, verwerpen de Kerkvaders daarentegen het idee dat zij een tussenpersoon was tussen God en het menselijk ras. Over haar bereidheid om samen met haar Zoon te sterven en samen met Hem te lijden ter wille van de redding van allen, voegt de beroemde Vader van de Westerse Kerk, de heilige Ambrosius[51], bisschop van Milaan, eraan toe: "Maar het lijden van Christus had geen enkele hulp nodig, zoals de Heer Zelf hierover al lang daarvoor had geprofeteerd: *Ik keek rond, maar er was niemand die Mij hielp; Ik ontzette Mij, maar niemand bood steun.*[52]

Deze zelfde Heilige Vader onderwijst over de universaliteit van de erfzonde, waarop alleen Christus een uitzondering is. "Van al degenen die uit vrouwen geboren zijn, is er niet één die volkomen heilig is, afgezien van de Heer Jezus Christus, die op een bijzondere nieuwe manier van onbevlekte geboorte geen aardse smet heeft ervaren".[53] "Alleen God is zonder zonde. Allen geboren op de gebruikelijke manier van vrouw en man, dat wil zeggen in vleselijke eenheid, worden schuldig aan zonde. Bijgevolg werd Hij die geen zonde heeft, niet op deze manier verwekt".[54] "Één Mens alleen, de Middelaar tussen God en de mens, is vrij van de banden van zondige geboorte, omdat Hij uit een Maagd geboren werd, en omdat Hij bij zijn geboorte geen aanraking van zonde heeft ervaren".[55]

Een andere bekende leraar van de Kerk, die vooral in het Westen wordt vereerd, de heilige Augustinus, schrijft: "Wat andere mensen betreft, met uitzondering van Hem die de hoeksteen is, zie ik voor hen geen andere manier om tempels van God te worden en woonplaatsen voor God te zijn, afgezien van de geestelijke wedergeboorte, die absoluut moet worden voorafgegaan door een vleselijke geboorte. Dus hoe vaak we ook denken aan kinderen die zich in de baarmoeder van de moeder bevinden, en ook al is het woord van de heilige evangelist die over Johannes de Doper zegt dat hij van vreugde opsprong in de baarmoeder van zijn moeder[56] (wat niet anders gebeurde dan door de werking van de Heilige Geest), of het woord van de Heer Zelf tot Jeremia gesproken: *…eer gij voortkwaamt uit de baarmoeder, heb Ik u geheiligd*[57] – ongeacht hoeveel deze ons wel of niet een basis geven om te denken dat kinderen in deze toestand in staat zijn tot een zekere heiliging, kan er toch in ieder geval niet aan worden getwijfeld dat de heiliging waardoor wij allemaal samen en ieder van ons afzonderlijk de tempel van God worden, alleen mogelijk is voor degenen die herboren worden. En wedergeboorte veronderstelt altijd geboorte. Alleen degenen die al geboren zijn, kunnen verenigd worden met Christus en in eenheid zijn met dit Goddelijke Lichaam dat Zijn Kerk tot de levende tempel van de grootsheid van God maakt".[58]

De hierboven aangehaalde woorden van de oude leraren van de Kerk getuigen ervan dat in het Westen zelf de leer die daar nu wordt verspreid, daar eerder werd verworpen. Zelfs na de val van de westerse kerk schreef Bernard [van Clairvaux], die daar als een grote autoriteit wordt erkend: "Ik ben nu bang, aangezien sommigen van jullie de situatie van belangrijke zaken willen veranderen door een nieuw feest in te voeren dat onbekend is voor kerk, niet goedgekeurd is door de rede, en niet gerechtvaardigd is door de eeuwenoude traditie. Zijn we werkelijk geleerder en vromer dan onze vaderen? U zult zeggen: 'Men moet de Moeder van God zoveel mogelijk verheerlijken.' Dit is waar, maar de verheerlijking die aan de Koningin van de Hemel wordt gegeven vereist onderscheidingsvermogen. Deze Koninklijke Maagd heeft geen behoefte aan valse verheerlijking, omdat zij ware kronen van heerlijkheid en tekenen van waardigheid bezit. Bewonder de overvloed aan gaven van deze Maagd; vereer haar Goddelijke Zoon; verheerlijk haar die zwanger werd zonder begeerte te kennen en te bevallen zonder pijn te kennen. Maar wat moet men nog toevoegen aan deze waardigheden? Vereer de conceptie die aan de glorieuze geboorte voorafging; want als de conceptie er niet aan was voorafgegaan, zou de geboorte ook niet glorieus zijn geweest. Maar wat zou iemand zeggen als iemand om dezelfde reden dezelfde soort verering van de geboorte zou eisen van de vader en moeder van de Heilige Maria? Je zou hetzelfde kunnen eisen van haar grootouders en overgrootouders, tot in het oneindige. Bovendien, hoe kan er geen zonde zijn op de plaats waar begeerte heerste? Laat men des te meer niet zeggen dat de Heilige Maagd door de Heilige Geest is verwekt en niet door de mens. Ik zeg resoluut dat de Heilige Geest op haar neerdaalde, maar niet dat Hij met haar meekwam."

"Ik zeg dat de Maagd Maria niet geheiligd kon worden vóór haar conceptie, omdat ze niet bestond. Als ze des te meer niet geheiligd kon worden op het moment van haar conceptie vanwege de zonde die onlosmakelijk verbonden is met de conceptie, rest er het geloof dat ze werd geheiligd nadat ze werd verwekt in de schoot van haar moeder. Deze heiliging maakt, als het de zonde vernietigt, haar geboorte heilig, maar niemand krijgt het recht om in heiligheid verwekt te worden. Alleen de Heer Christus werd ontvangen door de Heilige Geest, en Hij alleen is heilig vanaf Zijn eigen conceptie. Met uitzondering van Hem, moet aan alle nakomelingen van Adam worden verwezen naar wat een van hen over zichzelf zegt, beide uit gevoel van nederigheid en in erkenning van de waarheid: *Zie, in ongerechtigheid ben ik geboren.*[59] Hoe kan iemand eisen dat deze opvatting heilig is, terwijl het niet het werk van de Heilige Geest was, om nog maar te zwijgen van het feit dat het vanuit begeerte kwam? De Heilige Maagd wijst uiteraard de heerlijkheid af die, klaarblijkelijk, de zonde verheerlijkt. Ze kan op geen enkele manier een nieuwigheid rechtvaardigen die is uitgevonden ondanks de leer van de Kerk, een nieuwigheid die de moeder is van de onvoorzichtigheid, de zus van het ongeloof, en de dochter van de lichtzinnigheid".[60] De hierboven aangehaalde woorden onthullen duidelijk zowel de nieuwheid als de absurditeit van het nieuwe dogma van de Roomse kerk.

De leer van de volledige zondeloosheid van de Moeder van God:

(1) komt niet overeen met de Heilige Schrift, waar herhaaldelijk melding wordt gemaakt van de zondeloosheid van *de Ene Middelaar tussen God en de mens, de mens Jezus Christus*[61]; en *in Hem is geen zonde*[62]; *Die geen zonde gedaan heeft en in Wiens mond geen bedrog is gevonden*[63]; *Een Die op alle punten net zo verleid is als wij, maar zonder zonde*[64]; *Hem Die geen zonde kende, heeft Hij namens ons tot zonde gemaakt*[65]. Maar over de overige mensen wordt gezegd: *Kan een mens tot reinheid brengen wat onrein is? Nee dat kan hij niet!*[66]. *God prijst Zijn eigen liefde jegens ons daarin, dat Christus voor ons stierf toen wij nog zondaars waren. Want als wij, toen wij vijanden waren, met God verzoend zijn door de dood van Zijn Zoon, zullen wij veel meer, nu wij verzoend zijn, behouden worden, doordat Hij leeft.*[67].

(2) Deze leer is ook in tegenspraak met de Heilige Traditie, die is behouden dankzij talrijke patristische geschriften, waar melding wordt gemaakt van de verheven heiligheid van de Maagd Maria vanaf haar geboorte, evenals van haar reiniging door de Heilige Geest bij haar ontvangenis van Christus, maar niet naar haar eigen conceptie door Anna. "Er is niemand zonder smet voor U, ook al is zijn leven maar een dag, behalve U alleen, Jezus Christus, onze God, Die zonder zonde op aarde verscheen, en door Wie wij allen vertrouwen om genade en de vergeving van zonden te verkrijgen".[68] Maar toen

Christus kwam door een zuivere, maagdelijke, ongehuwde, godvrezende, onbesmette moeder, zonder huwelijk en zonder vader, en voor zover het Hem paste om geboren te worden, zuiverde Hij de vrouwelijke natuur, verwierp Hij de bittere Eva en verwierp de wetten van het vlees".[69] Maar zelfs dan, zoals de heiligen Basilios de Grote en Johannes Chrysostomos hierover spreken, werd ze niet in de staat gebracht waarin ze niet meer kon zondigen, maar bleef zorgen voor haar verlossing en overwon alle verleidingen.[70]

(3) De leerstelling dat de Moeder van God vóór haar geboorte werd gezuiverd, zodat uit haar de Zuivere Christus geboren zou kunnen worden, is zinloos; want als de Zuivere Christus alleen geboren zou kunnen worden als de Maagd zuiver geboren zou kunnen worden, zou het noodzakelijk zijn dat haar ouders ook zuiver zouden zijn van de erfzonde, en zij zouden opnieuw geboren moeten worden uit gezuiverde ouders, en zo verder redenerend zou men tot de conclusie moeten komen dat Christus niet geïncarneerd had kunnen worden tenzij al Zijn voorouders in het vlees, tot en met Adam, vooraf van de erfzonde waren gezuiverd. Maar dan zou er geen enkele noodzaak zijn geweest voor de incarnatie van Christus, aangezien Christus naar de aarde kwam om de zonde te vernietigen.

(4) De leerstelling dat de Moeder van God werd bewaard voor de erfzonde, evenals de leerstelling dat Zij door Gods genade werd bewaard voor persoonlijke zonden, maakt God onbarmhartig en onrechtvaardig. Want als God Maria van de zonde kon behoeden en haar vóór haar geboorte kon zuiveren, waarom zuivert Hij dan andere mensen niet vóór hun geboorte, maar laat Hij hen liever in zonde achter? Hieruit volgt eveneens dat God de mensen redt zonder hun wil, en bepaalde mensen vooraf bepaalt vóór hun geboorte tot verlossing.

(5) Deze leer, die ogenschijnlijk tot doel heeft de Moeder van God te verheerlijken, ontkent in werkelijkheid al haar deugden volledig. Immers, als Maria – zelfs in de schoot van haar moeder, toen ze zelf niets goeds of kwaads kon verlangen – , door Gods genade van elke onreinheid werd bewaard, en vervolgens door die genade zelfs na haar geboorte van de zonde werd bewaard, waarin bestaat dan haar verdienste? Als ze in de toestand had kunnen worden gebracht waarin ze niet in staat was om te zondigen, en niet zondigde, waarvoor heeft God haar dan verheerlijkt? Als zij, zonder enige inspanning en zonder enige impuls tot zonde, zuiver bleef, waarom wordt zij dan meer gekroond dan alle anderen? Er is geen overwinning zonder tegenstander.

De gerechtigheid en heiligheid van de Maagd Maria kwamen tot uiting in het feit dat zij, "menselijk met hartstochten zoals wij", God zo liefhad en zichzelf aan Hem overgaf, dat zij door haar zuiverheid verheven werd boven de rest van het menselijk ras. Hiervoor was zij van tevoren bekend en uitverkoren en was zij verzekerd van de zuivering door de Heilige Geest die op haar kwam, en van Hem de ware Verlosser van de wereld te zien. De leer van de door genade gegeven zondeloosheid van de Maagd Maria ontkent haar overwinning op verleidingen. Van een overwinnaar die het waard is om gekroond te worden met kronen van heerlijkheid, maakt dit haar tot een blind instrument van Gods Voorzienigheid.

Het is geen verheerlijking en grotere luister, maar een kleinering van haar, dit 'geschenk' dat haar werd gegeven door paus Pius IX en al de anderen die denken dat ze de Moeder van God kunnen verheerlijken door nieuwe waarheden te zoeken. De Allerheiligste Maria is zo verheerlijkt door God Zelf, zo verheven is haar leven op aarde en haar luister in de hemel, dat menselijke uitvindingen niets kunnen toevoegen aan haar eer en luister. Dat wat mensen zelf bedenken, verbergt haar gezicht alleen maar voor hun ogen. *Wees op uw hoede dat er niemand zal zijn die u berooft door middel van filosofie en ijdel bedrog, naar de traditie van mensen, naar de beginselen van de wereld, en niet naar Christus*, schreef de apostel Paulus door de Heilige Geest.[71]

Dit soort "ijdele vleierij" is de leer over Anna's onbevlekte ontvangenis van de Maagd Maria, die haar op het eerste gezicht verheft, maar in feite kleineert. Zoals elke leugen is het een zaad van de "vader der leugen"[72], de duivel, die erdoor is geslaagd de Maagd Maria te lasteren. Samen daarmee moeten ook alle andere leringen die daaruit voortkomen, of daaraan verwant zijn, worden verworpen. Het streven om de Allerheiligste Maagd te verheffen tot een gelijkheid met Christus, waarbij aan haar moederlijke martelingen aan het kruis een gelijke betekenis wordt toegekend als aan het lijden van Christus, zodat de Verlosser en de 'Medeverlosser' gelijkelijk leden, volgens de leer van de Papisten , of dat "de menselijke natuur van de Moeder van God in de hemel samen met de Godmens Jezus gezamenlijk het volledige beeld van de mens openbaart"[73] – is eveneens een ijdel bedrog en een verleiding van de filosofie. In Christus Jezus is er *noch mannelijk noch vrouwelijk*[74], en Christus heeft het hele menselijke ras verlost; daarom danste bij Zijn opstanding "Adam van vreugde en Eva verheugde zich"[75], en door Zijn Hemelvaart verwekte de Heer de hele menselijke natuur.

Evenzo dat de Moeder van God een "toevoeging aan de Heilige Drie-eenheid" of een "vierde hypostase" is; dat "de Zoon en de Moeder een openbaring zijn van de Vader door middel van de Tweede en Derde Hypostase"; dat de Maagd Maria "een schepsel is, maar ook niet langer een schepsel", is de vrucht van ijdele, valse wijsheid die niet tevreden is met wat de Kerk sinds de tijd van de Apostelen heeft aangehangen, maar ernaar streeft de Heilige Maagd meer te verheerlijken dan God haar heeft verheerlijkt.

Zo zijn de woorden van Epifanios van Cyprus in vervulling gegaan: "Bepaalde onzinnige mensen hebben in hun mening over de Heilige Eeuwige Maagd ernaar gestreefd en streven er nog steeds naar om haar in de plaats van God te plaatsen".[76] Maar wat in zinloosheid aan de Maagd wordt aangeboden, in plaats van haar te prijzen, blijkt godslastering; en de Onbevlekte verwerpt de leugen, daar zij de Moeder van de Waarheid is.[77]

Fresco van de Geboorte van Christus (onbekende datum)

Mozaïek-icoon van Moeder Gods met Christus (13de eeuw)

VII

De Orthodoxe Verering Van De Moeder Van God

De Orthodoxe Kerk leert over de Moeder van God wat de Heilige Traditie en de Heilige Schrift over haar hebben medegedeeld, en verheerlijkt haar dagelijks, waarbij ze haar hulp en verdediging vraagt. Wetende dat zij alleen blij is met de lofprijzingen die overeenkomen met haar werkelijke luister, hebben de Heilige Vaders en hymneschrijvers haar en haar Zoon gesmeekt om hen te leren hoe ze haar moeten bezingen. "Zet een wal om mijn geest, o mijn Christus, want ik durf de lof van Uw zuivere Moeder te zingen".[78] "De Kerk leert dat Christus waarlijk geboren is uit Maria de Eeuwige Maagd".[79] "Het is essentieel voor ons om te belijden dat de Heilige Maagd Maria eigenlijk Theotokos is (geboortegever van God), om niet in godslastering te vervallen. Want degenen die ontkennen dat de Heilige Maagd eigenlijk Theotokos is, zijn niet langer gelovigen, maar discipelen van de Farizeeën en Sadduceeën".[80]

Uit de traditie is bekend dat Maria de dochter was van de bejaarde Joachim en Anna, en dat Joachim afstamde van de koninklijke lijn van David, en Anna uit de priesterlijke lijn. Ondanks hun nobele afkomst waren ze arm. Het was echter niet dit gegeven dat deze rechtvaardigen bedroefden, maar eerder het feit dat zij geen kinderen hadden en niet konden hopen dat hun nakomelingen de Messias zouden zien. En zie, toen ze eens door de Hebreeën werden veracht vanwege hun onvruchtbaarheid, brachten ze allebei in verdriet van hun ziel gebeden op tot God. Joachim op een berg, waar hij zich had teruggetrokken nadat de priester zijn offer niet in de tempel wilde brengen, en Anna in haar eigen tuin, huilend over haar onvruchtbaarheid. Toen verscheen aan hen een engel die vertelde dat ze een dochter ter wereld zouden brengen. Dolgelukkig beloofden ze hun kind aan God toe te wijden.[81]

Binnen negen maanden kregen ze een dochter, Maria genaamd, die vanaf haar vroege kinderjaren de beste zielskwaliteiten aan de dag legde. Toen ze drie jaar oud was, brachten haar ouders, hun belofte nakomend, de kleine Maria plechtig naar de Tempel van Jeruzalem. Zelf beklom zij de hoge treden en door openbaring van God werd zij naar het Allerheiligste der Heiligen geleid door de Hogepriester die haar ontmoette, waarbij zij de genade van God, die op haar rustte, meenam naar de Tempel die tot dan toe zonder genade was geweest.[82].

Ze werd geplaatst in de vertrekken voor maagden die bestond in de Tempel, maar ze bracht zoveel tijd door in gebed in het Heilige der Heiligen, dat je zou kunnen zeggen dat ze daar woonde.[83] Gesierd met alle deugden, manifesteerde ze een voorbeeld van buitengewoon puur leven. Ze was onderdanig en gehoorzaam aan iedereen, beledigde niemand, zei tegen niemand een grof woord, was vriendelijk tegen iedereen, en stond geen enkele onreine gedachte toe.[84]

"Ondanks de gerechtigheid en de onberispelijkheid van het leven dat de Moeder van God leidde, manifesteerden de zonde en de eeuwige dood hun aanwezigheid in haar. Ze konden niet anders dan gemanifesteerd worden: dat is de precieze en trouwe leer van de Orthodoxe Kerk over de Moeder van God met betrekking tot de erfzonde en de dood."[85] "Een vreemdeling voor elke zondeval", "Ze was dat niet een vreemdeling voor zondige verleidingen" en "Alleen God is zonder zonde".[86] En de mens zal altijd iets in zichzelf hebben wat toch correctie en perfectie nodig heeft om het gebod van God te vervullen; *wees heilig zoals ik, de Heer, uw God, heilig ben.*[87] Hoe zuiverder en volmaakter iemand is, hoe meer hij zijn onvolkomenheden opmerkt en zichzelf des te onwaardiger acht.

De Maagd Maria, die zichzelf volledig aan God had overgegeven, ook al weerde ze elke impuls tot zonde van zichzelf, voelde nog steeds de zwakheid van de menselijke natuur krachtiger dan anderen en verlangde vurig naar de komst van de Verlosser. In haar nederigheid achtte zij zichzelf onwaardig om zelfs maar het dienstmeisje te zijn van de Maagd die Hem zou baren. Opdat niets haar zou kunnen afleiden van het gebed en de aandacht voor zichzelf, legde Maria aan God de gelofte af om niet te trouwen, om haar hele leven alleen Hem te plezieren. Omdat ze verloofd was met de bejaarde Jozef vestigde ze zich in zijn huis in Nazareth, toen ze te oud was om in de tempel te blijven. Hier werd de Maagd geëerd met de komst van de aartsengel Gabriël, die de geboorte van de Allerhoogste uit haar aankondigde:

Wees gegroet, gij die vol van genade zijt, de Heer is met u. Gezegend zijt gij onder de vrouwen... De Heilige Geest zal over u neerdalen, en de kracht van de Allerhoogste zal u overschaduwen. Daarom zal ook wat geboren zal worden heilig zijn en de Zoon van God genoemd worden.[88]

Maria ontving de goede boodschap van de engel nederig en onderdanig. "Toen daalde het Woord neer, op een manier die Hijzelf kende, en, zoals Hij Zelf wilde, kwam het binnen in Maria en verbleef in haar".[89] "Zoals de bliksem verlicht wat verborgen is, zo zuivert Christus ook wat verborgen is in de aard van de dingen. Hij zuiverde ook de Maagd en werd toen geboren, om te laten zien dat waar Christus is, er duidelijke zuiverheid is in al zijn kracht. Hij zuiverde de Maagd, nadat Hij haar had voorbereid door de Heilige Geest, en toen de baarmoeder rein was geworden, ontving deze Hem. Hij zuiverde de Maagd in haar ongeschonden staat en daarom liet hij haar bij haar geboorte als Maagd achter. Ik zeg niet dat Maria onsterfelijk werd, maar omdat ze verlicht werd door genade, werd ze niet verstoord door zondige verlangens".[90] "Het Licht woonde in haar, zuiverde haar geest, maakte haar gedachten zuiver, maakte haar zorgen kuis, heiligde haar maagdelijkheid".[91] "Iemand die puur was volgens het menselijk begrip, heeft hij puur gemaakt door genade".[92]

Maria vertelde niemand over de verschijning van de engel, maar de engel zelf openbaarde aan Jozef over Maria's wonderbaarlijke ontvangenis van de Heilige Geest.[93] En na de geboorte van Christus verkondigde hij dit, samen met een menigte van het hemelse leger, aan de herders. De herders, die de pasgeborene kwamen aanbidden, zeiden dat ze van Hem hadden gehoord. Nadat Maria voorheen in stilte argwaan had doorstaan, luisterde zij nu ook in stilte en bewaarde in haar hart de uitspraken over de grootheid van haar Zoon. Veertig dagen later hoorde ze Symeons lofgebed en de profetie over het wapen dat haar ziel zou doorboren. Later zag ze hoe Jezus vooruitging in wijsheid. Ze hoorde Hem op twaalfjarige leeftijd onderwijzen in de tempel, en *alles bewaarde ze in haar hart.*[94]

Hoewel Maria vol van genade was, begreep zij nog niet ten volle waaruit de dienstbaarheid en de grootsheid van haar Zoon zou bestaan. De Hebreeuwse opvattingen over de Messias stonden haar nog steeds na aan het hart, en natuurlijke gevoelens dwongen haar om zich om Hem te bekommeren, en Hem tegen wat mogelijk buitensporige arbeid en gevaren kon zijn. Daarom bevoordeelde zij haar Zoon aanvankelijk onvrijwillig, wat Zijn aanwijzing opriep van de superioriteit van geestelijke boven lichamelijke verwantschap.⁹⁵ "Hij maakte zich ook zorgen over de eer van Zijn Moeder, maar veel meer over de redding van haar ziel en het welzijn van de mensen, waarvoor Hij met het vlees bekleed was."⁹⁶ Maria begreep dit, hoorde het woord van God en hield zich eraan.⁹⁷ Als geen ander persoon had zij dezelfde gevoelens als Christus⁹⁸, terwijl zij zonder morren het verdriet van een moeder droeg toen zij zag dat haar Zoon vervolgd werd en leed. Zich verheugend over de dag van de Opstanding, werd zij op de Pinksterdag bekleed met *kracht uit den hoge*.⁹⁹ De Heilige Geest die op haar neerdaalde, *onderwees alle dingen*¹⁰⁰, en *onderwees in alle waarheid*.¹⁰¹ Omdat ze verlicht was, begon ze des te ijveriger te werken om uit te voeren wat ze van haar Zoon en Verlosser had gehoord, om zo naar Hem op te stijgen en bij Hem te zijn.

Het einde van het aardse leven van de Allerheiligste Moeder van God was het begin van haar grootheid. "Gesierd met goddelijke glorie"¹⁰², staat en zal ze staan, zowel op de dag van het Laatste Oordeel als in het toekomstige tijdperk, aan de rechterhand van de troon van haar Zoon. Zij regeert met Hem en heeft vrijmoedigheid jegens Hem als Zijn Moeder naar het vlees, en als één van geest met Hem, als iemand die de wil van God heeft uitgevoerd en anderen heeft geïnstrueerd.¹⁰³ Barmhartig en vol liefde manifesteert zij haar liefde jegens haar Zoon en God in liefde voor het menselijk ras. Ze pleit ervoor bij de Barmhartige, en terwijl ze de aarde rondgaat, helpt ze mensen. Na alle moeilijkheden van het aardse leven te hebben ervaren, ziet de Voorbidster van alle christenen elke traan en hoort elke kreun en elke smeekbede die tot haar gericht is. Vooral dichtbij haar staan degenen die zwoegen in de strijd tegen de hartstochten en ijverig zijn voor een leven dat God welgevallig is. Maar zelfs in wereldse zorgen is zij een onvervangbare helper. "Vreugde van allen die treuren en bemiddelaar voor de beledigden, voedster van hongerige mensen, troost van reizigers, haven van de stormen, bezoek van zieken, bescherming en bemiddelaar voor de zieken, staf van de ouderdom, gij zijt de Moeder van God in de hoge, O Meest Zuivere".¹⁰⁴ "De hoop, voorbede en toevlucht van christenen", "De Moeder van God onophoudelijk in gebeden".¹⁰⁵ "De wereld redden door uw onophoudelijk gebed".¹⁰⁶ "Ze bidt dag en nacht voor ons, en de scepters van koninkrijken worden bevestigd door haar gebeden".¹⁰⁷

Er zijn geen woorden of gedachten om de grootsheid uit te drukken van haar die geboren werd in het zondige menselijke ras, maar "eervoller werd dan de Cherubijnen en onvergelijkelijk glorieuzer dan de Serafijnen".¹⁰⁸ "Als ik de genade van de mysteriën van God gemanifesteerd en duidelijk vervuld zie in de Maagd, verheug ik mij; en ik weet niet hoe ik de vreemde en onuitsprekelijke manier moet begrijpen waarop het Onbezoedelde is geopenbaard als de enige verkozen boven alle schepping, zichtbaar en spiritueel. Daarom, omdat ik haar wil prijzen, ben ik stomverbaasd in zowel geest als spraak. Toch durf ik haar nog steeds te verkondigen en te verheerlijken: zij is inderdaad het hemelse Tabernakel".[109] "Elke tong wordt verlegen om u te prijzen zoals het hoort; zelfs een geest van de wereld boven is vervuld van duizeligheid, wanneer hij uw lof wil zingen, O Theotokos. Maar omdat u goed bent, aanvaard dan ons geloof. U kent onze door God geïnspireerde liefde heel goed, want gij zijt de Beschermer van de christenen, en wij verheerlijken u".[110]

De heilige hiëromonnik Johannes Maximovitch, monnik van het Milkovo-klooster van de intrede van de Allerheiligste Theotokos in de Tempel. *Joegoslavië, 1928*

Icoon van Moeder Gods met Christus (onbekende datum)

Voetnoten

1 – Johannes 19:37.
2 – Lucas 1:46.
3 – Matheüs 13:55-56, Markos 6:2-3, Lukas 4:23.
4 – Johannes 2:1.
5 – Origenes behandelt de lastercampagne in zijn 'Tegen Celsus - Boek 1'. In hoofdstuk 32 staat er: "Toen ze [Maria] zwanger was, werd ze door de timmerman met wie ze verloofd was de deur uit gezet omdat ze zich schuldig had gemaakt aan overspel, en dat ze een kind had gebaard aan een zekere soldaat genaamd Panthera." Hier doelt John Maximovitch waarschijnlijk ook op met "een bepaalde Romeinse soldaat" in het vorige hoofdstuk.
6 – Inderdaad staat dit in de Septuagint (Griekse vertaling van het Oude Testament vanuit het Hebreeuws). In diverse bijbels in het Nederlands staat kwalijk genoeg echter "jonkvrouw" of "jonge vrouw", ook in de bijbel van Uitgeverij NBG uit 2004, die zegt de Septuagint te hebben gevolgd.
7 – Lukas 1:34-35 .
8 – Matheüs 1:18-25.
9 – St. Irenaeus van Lyon - Boek 111.
10 – Matheüs 1:25. Zowel in de Russische brontekst van John Maximovitch als in de Engelse vertaling staat 'totdat', maar in veel Nederlandse vertalingen is Matheüs 1:25 vertaald als "hij had geen gemeenschap met haar *voordat*…".
11 – Matheüs 1:25. Zie voetnoot 10 voor opmerking over woord 'totdat'.
12 – Psalm 71:7 (in veel bijbels 72:7). Vaak anders vertaald dan 'totdat'.
13 – 1 Korinthiërs 15:25.
14 – Psalm 122:2 (in veel bijbels 123:2). Vaak anders vertaald dan 'totdat'.
15 – St. Hiëronymus - Over de eeuwige maagdelijkheid van de zalige Maria.
16 – Matheüs 28:20.
17 – St. Hiëronymus - Over de eeuwige maagdelijkheid van de zalige Maria.

18 – St. Epifanios van Cyprus - Panarion, 78.
19 – Johannes 19:25.
20 – Nestorios leerde dat Christus uit twee verschillende personen bestaat, een menselijke en een goddelijke die gescheiden van elkaar bestaan. Maria werd hierdoor ineens Christotokos; Moeder van Christus, in plaats van Theotokos; Moeder van God. Bestreden op het 3de en 4de oecumenische concilie (431 en 451).
21 – In de synodale brief wordt Efeze genoemd als woonplaats van Johannes en Maria.
22 – Omdat dit het gebruikte woord is in de brontekst, is het handig te benadrukken dat het gaat om de betekenis van 'universeel'. Dus niet waarvoor nu de term 'oecumenisme' wordt gebruikt, namelijk het samenbrengen van allerlei kerkelijke splitsingen.
23 – Beter bekend als Filioque, Latijn voor "en de Zoon". Dit vormde één van de redenen tot het Grote Schisma in 1054, maar dook al vele eeuwen daarvoor op.
24 – Eerste vloek van St. Kyrillos van Alexandrië.
25 – Letterlijk vertaald vanuit het Russisch werd de titel: "Pogingen van beeldenstormers [iconoclasten] om de glorie van de Koningin van de Hemel en hun schaamte te verminderen" In de Engelse vertaling staat er echter iets afwijkends: "Attempts of Iconoclasts to Lessen The Glory of the Queen of Heaven; They Are Put to Shame".
26 – Kerk in Constantinopel, bouw begon in 450 in opdracht van keizerin Aelia Pulcheria.
27 – St. Johannes van Damascus schilderde het icoon Panagia Tricherousa "van de drie handen", nadat zijn afgehakte hand wonderbaarlijk was genezen.
28 – Er staat geen referentie in de originele of Engelse tekst, maar het parafraseert Psalm 139:17. Echter wordt dit vaak (compleet) anders vertaald, ook in het Nederlands.
29 – Hymne eveneens geschreven door Johannes van Damascus, zie voetnoot 27.
30 – Andere naam voor wonderwerkend icoon genaamd Panagia Portaitissa. Vernoemd naar het Georgische Iviron-klooster op de Athos.
31 – 1 Petros 5:8.
32 – Letterlijke vertaling van de Russische tekst. In het Engels echter afwijkend vertaald als "Zeal Not According to Knowledge (Romans 10:2)".

33 – Bul van paus Pius IX over het nieuwe dogma ("Ineffabilis Deus").
34 – De Engelse vertaling noemt een boek van aartspriester A. Lebedev: *Differences in the Teaching on the Most Holy Mother of God in the Churches of East and West.*
35 – Pius IX kondigde in 1870 o.a. de pauselijke onfeilbaarheid af, zie Vaticanum I.
36 – Romeinen 10:2.
37 – Timotheüs 10:20.
38 – Matheüs 16:18.
39 – Johannes 15:4.
40 – Bul over het Dogma van de Onbevlekte Ontvangenis.
41 – Zelfde boek van A. Lebedev als bij voetnoot 34.
42 – Catechismus van Dr. Weimar.
43 – Mariologie van Dr. Lentz.
44 – De Onbevlekte Ontvangenis van Malou, bisschop van Brouges.
45 – Aartspriester Sergei Boelgakov - The Unburnt Bush, 1927, p. 154.
46 – Epifanios van Cyprus - Panarion, Tegen de Collyridians.
47 – In het Russisch: 'vat' (ook bloedvat), 'vaas', maar ook 'lichaam', Engels vertaald als 'vessel'. In het Nederlands in deze context leek ons 'werktuig' het meest passend.
48 – Proto-evangelie van de heilige Jakobos 4:2, waarin verteld wordt hoe Joachim en Anna op hoge leeftijd een kind krijgen genaamd Maria.
49 – St. Epifanios - Tegen de Antidikomarionieten.
50 – Bisschop Ignatius Brianchaninov.
51 – In zijn werk 'Over de opvoeding van de Maagd en de eeuwige maagdelijkheid van de Heilige Maria', hoofdstuk 7.
52 – Jesaja 63:5.
53 – St. Ambrosius - Commentaar op Lucas , hoofdstuk 2.
54 – St. Ambrosius parafraseert hier St. Augustinus Over huwelijk en Begeerte.
55 – St. Ambrosius - Tegen Julianus.
56 – Lukas 1:42-44.
57 – Jeremia 1:5.
58 – St. Augustinus - Brief 187.
59 – Psalm 50:7 (in veel bijbels 51:7).
60 – Bernard van Clairvaux - Brief 174 (geciteerd, evenals referenties van St. Augustinus, uit eerder genoemd boek van A. Lebedev).

61 – 1 Timotheus 2:5.
62 – Johannes 3:5.
63 – 1 Petros 2:22.
64 – Hebreeën 4:15.
65 – 2 Korinthiërs 5:2-1.
66 – Job 14:4.
67 – Romeinen 5:8-10.
68 – St. Basilios de Grote - Derde Vespersgebed van Pinksteren.
69 – St. Gregorios de Theoloog - Ter ere van de maagdelijkheid.
70 – St. Johannes Chrysostomos - Commentaar op Johannes, Homilie 85 en St. Basilios de Grote - Brief 160.
71 – Kolossenzen 2:8.
72 – Johannes 8:44.
73 – Aartspriester S. Boelgakov - De onverbrande struik (The Unburnt Bush) blz. 141.
74 – Galaten 3:28.
75 – Kontakion van de Opstanding in de derde toon.
76 – St. Epifanios - Tegen de Antidikomarionieten.
77 – Johannes 14:6.
78 – Akathistos Hymnen ter ere van de Theotokos.
79 – St. Epifanios - Waar woord over het geloof.
80 – St. Efrem de Syriër - Aan Johannes de Monnik.
81 – Proto-evangelie van de heilige Jakobos (zie voetnoot 48).
82 – Kontakion van de Binnengang in de Tempel (Kontakion in de 4de toon). Dit was de nieuw gebouwde Tempel waarin de glorie van God niet was neergedaald zoals op de Ark of op de Tempel van Salomo.
83 – Feest van de intrede van de Theotokos in de tempel.
84 – Ingekorte versie van St. Ambrosius van Milaan - Betreffende de eeuwige – maagdelijkheid van de Maagd Maria.
85 – Bisschop Ignatius Brianchaninov - Verhandeling van de leer van de Orthodoxe Kerk over de moeder van God. –
86 – Drie citaten uit St. Ambrosius van Milaan, commentaar op de 11de psalm.
87 – Leviticus 19:2.
88 – Lukas 1:28-31 (zowel in het Engels als Russisch wordt niet de letterlijke, complete Bijbeltekst gebruikt, maar lijkt het meer in geparafraseerde vorm).

89 – St. Efrem de Syriër - Lofprijzing over de Moeder van God.
90 – St. Efrem the Syriër - Homilie tegen ketters, 41.
91 – St. Efrem de Syriër - Maria en Eva.
92 – Bisschop Ignatius Brianchaninov - Verhandeling van de leer van de Orthodoxe Kerk over de moeder van God. –
93 – Matheüs 1: 18-25.
94 – Lukas 2:8-51.
95 – Matheüs 12:46-49.
96 – St. Johannes Chrysostomos - Homilie 21 over Johannes, Hfdst Johannes 2:4, 3.
97 – Lukas 11:27-28.
98 – Filippenzen 2:5.
99 – Lukas 24:49.
100 – Johannes 14:26.
101 – Johannes 16:13.
102 – Canon van de Ontslaping van de Moeder Gods, Ode V, Irmos.
103 – Matheüs 5:19.
104 – Sticheron van de Dienst aan de Hodigitria.
105 – Kontakion van de Ontslaping van de Moeder Gods.
106 – Theotokion in de Derde Toon.
107 – Dagelijkse Nocturne
108 – Slotgebed (ochtend- en avondgebeden) en opgenomen in Vespers.
109 – Ikos van de Intocht in de Tempel
110 – Katavasia van de Theofanie in de 2de toon, Ode 9.

De Heilige John Maximovitch
van Shanghai & San Francisco

De heilige hiërarch Johannes Maximovich werd geboren in Zuid-Rusland in juni 1896, en werd Michaël genoemd ter ere van de aartsengel. Zijn ouders voedden hem vroom op zodat hij altijd voor de waarheid zou staan. Na voltooiing van zijn studie aan de Militaire School in Poltava, ging Michaël naar de rechtenfaculteit aan de Keizerlijke Universiteit van Charkov, waar hij in 1918 afstudeerde. Gelijktijdig verdiepte hij zich diep in de studie van het spirituele leven. In zijn universiteitsjaren werd hij sterk beïnvloed door de aartsbisschop van Charkov, de toekomstige metropoliet Anthonios Kharpovitsky. Tijdens de Russische Burgeroorlog werd de familie Maximovich gedwongen hun huis te ontvluchten en werd geëvacueerd naar Joegoslavië. Daar studeerde Michaël in 1925 af aan de school voor theologie aan de Universiteit van Belgrado.

In 1926 gaf metropoliet Anthonios, het hoofd van de Russische Kerk buiten Rusland, Michaël een tonsuur tot de kloosterorde met de naam Johannes, ter ere van de heilige Johannes van Tobolsk. In 1929 werd hij tot het heilig priesterschap gewijd. In 1934 wijdde metropoliet Anthonios hiëromonnik Johannes tot bisschop van Shanghai. Bij zijn aankomst verzoende bisschop Johannes snel de orthodoxe parochies in Shanghai, voltooide hij de bouw van de kathedraal ter ere van de icoon van de Moeder van God "De Borg der Zondaars", financierde hij het Tichon van Zadonsk-weeshuis, en opende hij een tehuis voor senioren. Hij bezocht dagelijks de zieken en leidde een streng ascetisch leven. Hier raakte hij steeds meer bekend vanwege de wonderbaarlijke kracht van zijn gebeden.

Toen in 1949 de communisten de macht in China overnamen, werden ongeveer 5.000 Russische immigranten uit China geëvacueerd naar het eiland Tubabao op de Filippijnen. Door persoonlijk naar Washington DC te reizen, onderhandelde aartsbisschop Johannes in 1950 met succes dat de

Amerikaanse regering de Russische emigranten op Tubabao een vluchtelingenstatus kregen, waardoor ze naar de VS en Australië konden verhuizen. In 1951 hadden alle vluchtelingen het eiland Tubabao verlaten. In datzelfde jaar werd Johannes benoemd tot hoofd van het West-Europese bisdom. Hier werd zijn liefdadigheids- en pastorale werk voortgezet, evenals de publicatie van liturgische literatuur in het Frans en Nederlands.

In 1962, als gevolg van de moeilijkheden bij de bouw van de nieuwe kathedraal van de Heilige Maagd "Vreugde van Allen die Verdriet" in San Francisco, en op verzoek van zijn geestelijke kinderen die door hem waren gered van de communisten in China, werd aartsbisschop Johannes benoemd tot hoofd van het Westers Amerikaanse bisdom. Hier bracht hij de parochie tot rust en voltooide de bouw van de nieuwe kathedraal.

Op 2 juli 1966 ontsliep de heilige Johannes. Hij werd in een graf geplaatst onder de kathedraal die hij had gebouwd, maar zijn onvergankelijke relikwieën bevinden zich nu in de Heilige Maagd-kathedraal. Veel mensen hebben geloof verworven, en fysieke genezing en spirituele kracht ontvangen door de gebeden bij Johannes' onvergankelijke relikwieën. Tegenwoordig getuigen honderden wonderen wereldwijd van hem. In 2008 is hij universeel heilig verklaard.

Uitgeverij Orthodox Logos

- *De Orthodoxe Kerk: Verleden en heden* – Jean Meyendorff
- *Biecht en communie* – Alexander Schmemann
- *Verliefd Zijn op het Leven* – Samensteller: Maxim Hodak
- *De Orthodoxe Kerk* – Aartspriester Sergei Hackel
- *De mensenrechten in het licht van het Evangelie* – Nicolas Lossky
- *Geboren in Haat Herboren in Liefde* – Klaus Kenneth
- *Hegoumena Thaissia van Leouchino: brieven aan een novice*
- *Het Jezusgebed* – Een monnik van de oosterse kerk
- *Gebedenboek Voor Kinderen: Volgens De Orthodox Christelijke Traditie*
- *Dagboek Van Keizerin Alexandra* – Keizerin Alexandra
- *Mijn ontmoeting met Archimandriet Sophrony* – Aartspriester Silouan Osseel
- *Stap voor stap veranderen* – Vader Meletios Webber
- *De Weg Naar Binnen* – Metropoliet Anthony (Bloom) Van Sourozh
- *Geraakt door God's liefde* – Klooster van de Levenschenkende Bron Chania
- *De Heilige Silouan de Athoniet* – Archimandrite Sophrony
- *The Beatitudes: A Pathway to Theosis* – Christopher J. Mertens
- *De Kracht van de Naam* – Metropoliet Kallistos van Diokleia
- *De Orthodoxe Weg* – Metropoliet Kallistos van Diokleia
- *Serafim van Sarov* – Irina Goraïnoff
- *Feesten van de Orthodoxe Kerk – een Leerzaam Kleurboek*
- *Catechetisch Woord over het Gebed van het Hart* – Aartspreiester Silouan Osseel
- *Naar de Eenheid?* – Leonide Ouspensky
- *Bidden Met Ikonen* – Jim Forest
- *Onze Gedachten Bepalen Ons Leven* – Vader Thaddeus Van Vitovnica
- *Alledaagse Heiligen En Andere Verhalen* – Archimandriet Tichon (Sjevkoenov)
- *Geestelijke Brieven* – Vader Jozef De Hesychast
- *Nihilisme* – Vader Serafim Rose
- *Gods Openbaring Aan Het Menselijk Hart* – Vader Serafim Rose
- *In De Kaukazus* – Monnik Merkurius
- *Terugkeer* – Archimandriet Nektarios Antonopoulos
- *Weest ook gij uitgebreid* – Archimandriet Zacharias (Zacharou)
- *Orthodoxie en de religie van de toekomst* – Vader Serafim Rose
- *Grégoire Krug – Notities van een Ikonenschilder*
- *De Orthodoxe Verering van Maria 'De Theotokos'* – De heilige John Maximovitch

- *Our Orthodox Holy Family* – Deacon David Lochbihler, J.D.
- *Prayers to Our Lady East and West* – Deacon David Lochbihler, J.D.
- *The Joy of Orthodoxy* – Deacon David Lochbihler, J.D.
- *The Inner Cohesion between the Bible and the Fathers in Byzantine Tradition* – S.M. Roye
- *St. Germanus of Auxerre* – Howard Huws
- *Elder Anthimos Of Saint Anne's* – Dr. Charalambos M. Bousias
- *Orthodox Preaching as the Oral Icon of Christ* – James Kenneth Hamrick
- *The Final Kingdom* – Pyotr Volkov
- *From Manhattan to the Holy Mountain of Athos* by Thodoris Spiliotis

UITGEVERIJ ORTHODOX LOGOS
www.orthodoxlogos.com

www.ingramcontent.com/pod-product-compliance
Lightning Source LLC
Chambersburg PA
CBHW041724070526
44585CB00006B/141